Les Chars de Combat

PARIS
CHARLES-LAVAUZELLE & Cie
Éditeurs militaires
124, Boulevard Saint-Germain, 124

MÊME MAISON A LIMOGES

1921

Les Chars de Combat

PARIS
CHARLES-LAVAUZELLE & Cie
Éditeurs militaires
124, Boulevard Saint-Germain, 124

MÊME MAISON A LIMOGES

1921

LES CHARS DE COMBAT

En 1918, les chars de combat ont rendu des services incontestables et leur part à la victoire fut importante.

Imaginés en pleine guerre et improvisés pour répondre à des besoins nouveaux, ils ont grandi avec une vitalité surprenante; mais ils sont encore dans l'adolescence et, loin d'avoir atteint leur entier développement, ils se perfectionneront dans l'avenir comme matériel, aussi bien que comme possibilité et mode d'emploi.

La connaissance des chars de combat comporte quelques notions techniques sur le matériel; l'exposé sommaire des idées qui ont présidé à leur naissance et à leur développement jusqu'à l'heure actuelle; l'étude de leur organisation, des principes qui régissent leur emploi et le mécanisme de combat.

Notions techniques sur les chars de combat.

Un char de combat est un appareil à propulsion mécanique destiné à progresser et à combattre dans les conditions habituelles du champ de bataille.

Schématiquement, tout char se divise en cinq parties : le mécanisme porteur ou de roulement, le mécanisme moteur, le mécanisme de transmission qui relie les deux précédents, le blindage et l'armement.

1° MÉCANISME PORTEUR OU DE ROULEMENT.

Voyons sans calculs comment la chenille nous offre le moyen idéal de roulement, c'est-à-dire un roulement avec le maximum d'adhérence, le minimum de résistance et le minimum d'enlisement.

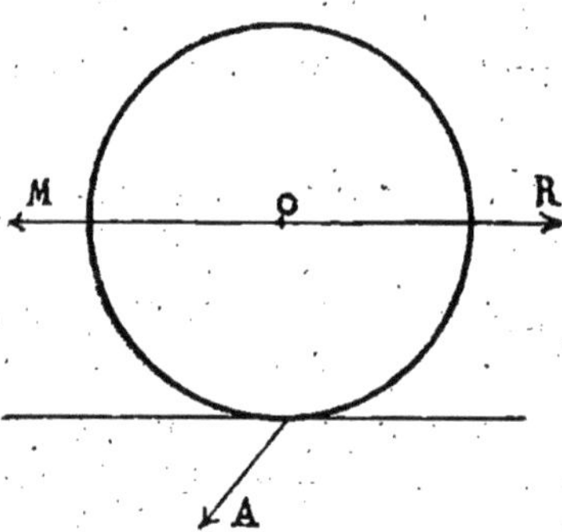

En effet, prenons une roue motrice de véhicule auto-moteur et appelons M l'effort moteur, R la résistance consécutive de l'inertie, du poids du véhicule et des accidents de la surface du sol, A l'adhérence de la roue au sol, il nous faut :

$$R < M < A$$

Si nous augmentons l'adhérence, nous pourrons nous permettre de mettre en œuvre un plus grand effort moteur qui pourra ainsi vaincre une résistance plus grande. Conclusion : plus nous offrirons au véhicule une masse, un poids et des difficultés d'avancement considérables, plus nous devrons augmenter l'effort moteur, à condition d'augmenter l'adhérence. Or, le char de combat doit vaincre de très grandes résistances pour progresser en tout terrain. Donc il faut augmenter l'adhérence A de son système porteur.

Si nous appelons P le poids du véhicule et f le coefficient du frottement de la roue sur le sol, on a :

$$A = P f$$

Si nous voulons augmenter A, on peut augmenter à la fois les deux facteurs P et f.

L'augmentation de P peut aller jusqu'à l'enlisement de la roue dans le sol, mais on peut rendre cet enlisement nul par l'interposition, entre le sol et la roue, d'un corps solide qui répartit la pression du poids sur une plus grande surface, par exemple : *le rail et ses traverses*. Mais le coefficient de frottement baisse considérablement et la roue va jusqu'à patiner sur le rail.

Or, nous recherchons un maximum de f qui nous est donné par la crémaillère. D'autre part, avec la crémaillère, la voiture devient solidaire de la voie ferrée et, au lieu d'avoir par exemple quatre points d'appui de la voiture sur les rails, nous avons une surface d'appui de la voie sur le sol.

La réunion de ces deux solutions : emploi de la crémaillère, et interposition entre le sol et la roue d'une grande surface d'appui nous donne l'ensemble : *rail, crémaillère, patin*, qu'on peut rendre souple et solidaire du véhicule en refermant le rail sur lui-même après l'avoir enroulé sur deux roues, l'une étant motrice et dentée. Ce ruban, formé de patins très larges du côté du sol, et semblable à un rail de voie ferrée à crémaillère du côté des roues, se déroule sous le véhicule au fur et à mesure de l'avancement. C'est la chenille.

L'adhérence des patins sur le sol est augmentée,

au cas où M serait plus grand que A, par des crampons venus de fonte avec les patins.

Cependant, ce dispositif parfait et répondant au problème pour la marche en ligne droite, offre un gros inconvénient pour les changements de direction.

Prenons le char représenté par le rectangle A avec ses deux chenilles C et C'

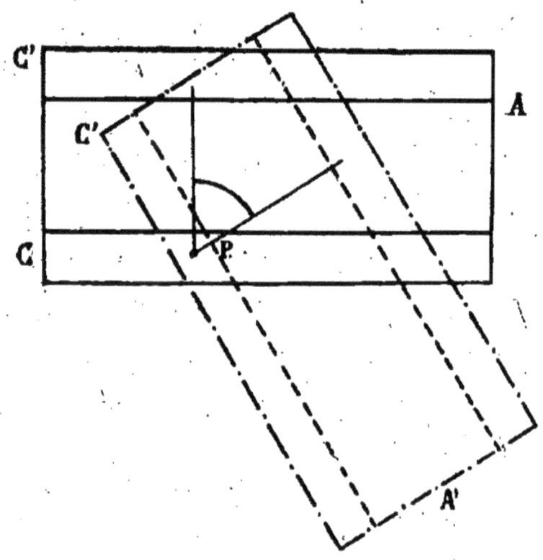

Ici, nous ne sommes plus maîtres d'une paire de roues directrices pour changer de direction comme dans l'automobile. Nous avons, pour ainsi dire, deux roues souples avec, chacune, une grande surface d'appui sur le sol. On ne pourra changer la direction de l'appareil qu'en faisant varier, en la diminuant, la vitesse d'une chenille par rapport à l'autre, cette diminution de vitesse pouvant aller jusqu'à l'immobilité. Que le phénomène se passe à l'immobilité ou à une vitesse ralentie de la chenille-pivot, le char, pour passer de la position A en A', aura décrit autour de cette chenille un arc de cercle qui aura pour centre le point d'adhérence P, le plus fort de cette chenille. Cette dernière aura passé de C en C' par ripage. Si le sol est résistant et l'enlisement minimum, la résistance à ce ripage est faible; mais si le sol est assez mou pour que la chenille soit enfoncée légèrement, ce mouvement de ripage ne se fait qu'en surmontant la résistance offerte par la masse de terre sur le côté de la chenille. C'est pourquoi il faut diminuer ce mouvement en évitant les pivotements sur place et, au contraire, fractionner dans la pratique l'angle de rotation.

2° MÉCANISME MOTEUR.

C'est un moteur à explosion à grand rendement sous un petit volume. Il est trop usuel pour qu'il soit nécessaire de le décrire.

3° MÉCANISME DE TRANSMISSION.

Il est, soit mécanique comme dans les Schneider, les Renault, soit électrique comme sur le Saint-Chamond.

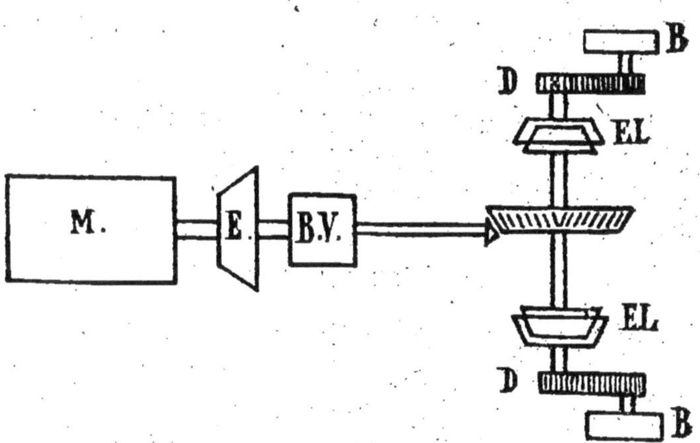

La transmission mécanique est assurée de la façon suivante : M étant le moteur, le mouvement de rotation du vilebrequin passe à l'embrayage principal, puis à la boîte des vitesses et par un pignon d'angle renvoyé à 90° sur deux embrayages latéraux. Leurs cônes femelles sont en prise avec les démultiplicateurs qui ralentissent le mouvement de rotation du barbotin qui engrène sur la chenille.

Dans la transmission électrique, le mouvement de rotation du vilebrequin actionne une génératrice électrique dont le courant est transmis à deux moteurs électriques solidaires de l'ensemble démultiplicateur

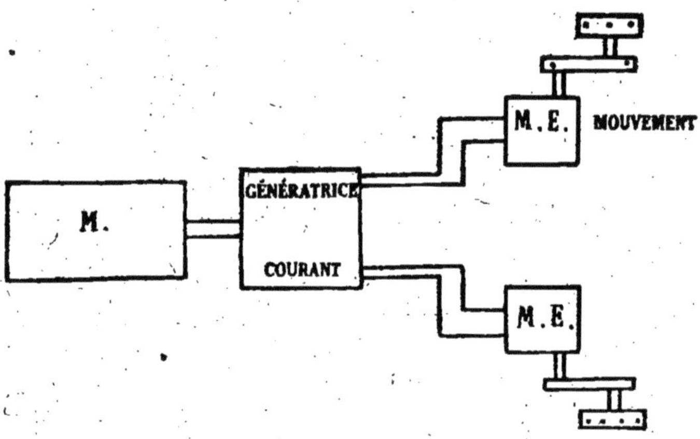

barbotin. Ces moteurs électriques sont indépendants l'un de l'autre. Ce dispositif, très souple, a donné de grandes satisfactions.

4° LE BLINDAGE.

Le blindage des chars a été dosé de façon que, pour un poids d'acier minimum, on soit à l'abri des projectiles d'infanterie et des éclats d'obus.

Sur le char Renault, les parois verticales ont 16

millimètres d'épaisseur, les parois inclinées 8 millimètres, les horizontales 6 millimètres. Les tôles du char Mark V* sont de 12 millimètres d'épaisseur sur toutes les parties assemblées.

Mais l'invulnérabilité du char est accrue par la vitesse, ses qualités manœuvrières et l'aspect qu'il présente sur le champ de bataille. Il lui faut, autant que possible, un profil facilement camouflable pour le rendre aussi peu visible que possible, puisque seul il se bat à découvert au milieu du vide du champ de bataille.

5° L'ARMEMENT.

Les armes des chars sont des armes de calibre courant, faciles à ravitailler et pour lesquelles on peut avoir un grand nombre de munitions à bord. De plus, elles doivent être très maniables et robustes, ce qui est parfaitement réalisé par le canon de 37 millimètres du char Renault. Ce petit canon, d'une très grande précision, très rustique, avec 237 cartouches à bord, est un engin de tout premier ordre pour lutter contre l'infanterie et ses armes. La mitrailleuse Hotchkiss, assez difficilement enrayée et d'un démontage instantané et sans outil, est aussi l'arme indiquée pour les chars.

Mais cet armement n'est dangereux que pour l'infanterie et les pièces anti-chars à la rigueur. Nous allons être obligés de prévoir avant peu un armement d'artillerie pour lutter de char à char. C'est une chose fatale. Rien ne s'opposera, au contraire, au moyen de combat faisant naître en face de lui le même moyen, à la rencontre de la masse de chars des deux adversaires. Il faut y penser et, si nous voulons que nos chars remplissent leur mission, il faut qu'ils soient en mesure de battre l'ennemi qui leur barrera le chemin. Une artillerie spéciale sur chenille pourra peut-être protéger efficacement nos chars en détruisant ceux de l'adversaire. Il sera peut-être plus sûr d'avoir immédiatement, parmi nos chars légers, des chars puissamment armés, avec la mission de tirer dans les œuvres vives des appareils ennemis.

Le char Renault porte, dans son réservoir, 70 litres d'essence, plus 5 litres dans la nourrice, ce qui lui permet huit heures de marche.

Il a quatre vitesses et une marche arrière.

En quatrième vitesse, il atteint 8 kilomètres à l'heure, mais on n'emploie cette vitesse que sur un terrain uni et ne présentant pas de pente supérieure à 7 p. 100.

En troisième vitesse, il fait du 5 kilomètres à l'heure, sur terrain facile seulement bouleversé par l'artillerie de campagne et ne présentant pas de pente supérieure à 16 p. 100.

En deuxième vitesse, il ne fait plus que 3 kilomètres à l'heure. On emploiera cette vitesse sur un terrain difficile, bouleversé par l'artillerie lourde. Il pourra gravir des pentes de 33 p. 100.

En première vitesse, on ne marche plus qu'à 1 kil. 500 à l'heure, vitesse à employer sur un terrain très difficile, par exemple, bouleversé par l'artillerie de tranchée. Le char gravira des pentes de 80 p. 100.

Si la pente est encore supérieure, on pourra la gravir en marche arrière jusqu'à la limite de 119 p. 100.

Le char Renault franchit des coupures de $1^{m},80$. Il peut descendre dans 70 centimètres d'eau. Il peut passer au travers d'un bois taillis de 7 à 8 ans, abattre des arbres de 25 à 30 centimètres de diamètre.

Il peut franchir des réseaux de fil de fer en les aplatissant, si les piquets en bois n'ont pas plus de 30 centimètres de diamètre et les piquets en fer 5 centimètres. Enfin, il peut ouvrir une brèche dans un mur de 40 centimètres. Sa pression unitaire est de 0 kgr. 500.

Le char Mark V* a quatre vitesses.

La 4e = 7 kilomètres est exceptionnelle, la 3e = 4 kilomètres est la vitesse normale, la 2e = 2 kil. 500, la 1re = 1 kil. 500. Il a les mêmes capacités de progression que le char Renault, sauf qu'il peut franchir des coupures de 4 mètres et que, par son poids de 32 t. 5, il écrase mieux les réseaux ou autres obstacles. Sa pression unitaire est de 1 kgr. 300.

Historique sommaire des chars de combat.

Pendant les opérations partielles du commencement de 1915 et l'attaque de septembre 1916, on fut frappé de voir tous les assauts finalement enrayés par les réseaux de fil de fer ennemis et par les mitrailleuses. L'idée de cisailler les fils de fer, de protéger également le combattant sous une cuirasse mobile à l'épreuve de la balle tente l'imagination des chercheurs.

La brouette blindée Walter, le crocodile Schneider porteur des pétards, le boulet grappin lancé par un crapouillot, les boulets ramés, le coupe fil de fer pour fusil sortirent dans l'hiver 1915. Mais tous ces moyens furent médiocres. Il ne restait encore, pour les attaques de 1916, que le canon pour ouvrir des brèches dans les réseaux de fil de fer et retourner les tranchées avec leurs mitrailleuses. L'artillerie livrait ainsi à l'infanterie une bande de terrain à peu près débarrassée de ses défenses et des occupants, grâce à une débauche de munitions.

Mais c'était un moyen trop onéreux et la bande de terrain livrée par l'artillerie, si profonde soit-elle, l'était moins que les organisations de l'ennemi largement établies en profondeur. Il fallait trouver autre chose.

Parmi les chercheurs, le colonel Estienne avait songé, dès 1914, au char de combat. Témoin, cette anecdote que nous lisons dans l'ouvrage du lieutenant Lestringuez, *Sous l'armure* :

« Au cours de la retraite de septembre 1914, le colonel Estienne, commandant le 22e R. A. C., cheminait silencieusement à pied, tenant son cheval par la bride, le long d'un champ détrempé. Il s'arrête et, se tournant vers son état-major : « Celui qui, le premier, » pourra faire rouler là-dessus des cuirassés de terre, » armés et équipés, dit-il, aura gagné la guerre. »

L'année suivante, le colonel Estienne avait creusé cette idée du « cuirassé de terre » et, en même temps qu'il avait conçu un appareil, en collaboration avec M. Brillié, ingénieur au Creusot, il avait imaginé une tactique appropriée à ce nouvel engin.

Le 1er décembre 1915, il écrivait au général commandant en chef :

« J'ai eu l'honneur, depuis un an, d'appeler, à deux reprises, votre attention sur l'emploi de cuirassements mobiles pour assurer directement la progression de l'infanterie.

» Au cours des dernières attaques, la valeur de ce procédé s'est imposée à mon esprit avec une force croissante, et, après une sévère analyse des conditions techniques et tactiques du problème, je regarde comme possible la réalisation de véhicules à traction mécanique permettant de transporter à travers tous les obstacles et sous le feu, à une vitesse supérieure à 6 kilomètres à l'heure, de l'infanterie avec armes et bagages et du canon.

» J'estime qu'il faut six mois et 10 millions pour réaliser le matériel nécessaire au transport d'une vingtaine de mille hommes, force suffisante pour enlever par surprise les lignes successives sur 40 kilomètres de front et permettre l'irruption des masses disposées en arrière. »

L'idée est séduisante. Le général en chef accorde sa confiance au colonel Estienne. Mais le ministère de la guerre est moins confiant, et ce n'est qu'en février 1916 qu'une commande de 400 chars Schneider est passée aux usines du Creusot.

Ce char a 6 mètres de long, il pèse 15 tonnes, son moteur à essence Peugeot de 4 cylindres est de 70 chevaux et à transmission mécanique; son armement est composé d'un canon de 75 court et de deux mitrailleuses, sa vitesse maxima est de 4 kilomètres à l'heure et sa puissance de franchissement $1^{m},50$. Il présente la forme d'un blockhaus rectangulaire dont l'avant s'effile en forme de proue de bateau. L'équipage comprend un chef de char, un sous-chef de char canonnier et quatre mitrailleurs dont un est en même temps mécanicien. La protection est assurée par un blindage de 11^{mm} avec un surblindage de 8^{mm} à l'avant et sur une partie des côtés. La portée efficace de son canon est de 500 mètres.

Devant la réalisation, à la période d'incrédulité succède l'emballement pour les chars. Une dualité est alors créée par le ministère de l'armement dont on s'est passé pour la mise en chantier du char Schneider. Ayant étudié, en secret des promoteurs, un char plus gros et plus impressionnant, ce ministère en commande 400 en avril 1916, aux usines Saint-Chamond, sans profiter des premières expériences acquises.

Le char Saint-Chamond mesure 7^{m},50 de long, il pèse 24 tonnes, il a un moteur de 80 chevaux à essence avec transmission électrique. Son armement puissant est constitué par un canon de 75 ordinaire et quatre mitrailleuses. Sa vitesse maxima est de 5 kilomètres à l'heure, sa puissance de franchissement de 1^{m},80.

Ce char présente l'aspect d'un navire ponté plat. L'équipage comprend un chef de char, un chef de pièce, un servant, un mécanicien et quatre mitrailleurs. Il est revêtu d'un blindage de 17 millimètres.

Construit sous la direction du colonel Rimailho, cet excellent char est malheureusement un colosse aux pieds d'argile. Sa chenille est ridiculement courte et les patins trop étroits en raison de son poids. Et comme la valeur d'un char est fonction de ses possibilités de déplacement, on peut dire que le premier Saint-Chamond n'était pas apte à faire campagne. Par la suite, des modifications apportées aux chenilles et à la suspension permirent de l'utiliser.

Malgré l'impulsion donnée par le général Estienne, devenu commandant de l'artillerie d'assaut, la formation des unités de chars fut retardée par la lenteur de la construction de ce matériel nouveau. Si bien que nous ne disposions que de quelques centaines de chars, quand ils parurent pour la première fois sur nos champs de bataille, le 16 avril 1917.

L'idée de rupture du front devait présider à l'emploi des chars dans cette attaque. Mais les appareils en service avaient été imaginés pour évoluer dans l'organisation défensive de la fin de 1915, et ils n'avaient pas la puissance nécessaire pour franchir les larges tranchées de 1917.

Le commandement résolut donc d'attaquer les deux premières positions ennemies, après une puissante préparation d'artillerie (méthode qui nous avait valu des succès en septembre 1915 et en 1916, sur la Somme et à Verdun) et de réserver les chars pour réaliser la rupture de la troisième position et pour exploiter ensuite le succès au delà de la zone d'action de notre masse d'artillerie.

La journée du 16 avril 1917 fut un insuccès général, et les chars n'y purent jouer le rôle qu'on en attendait.

Ils n'avaient pu bénéficier de l'effet de surprise et ils souffrirent grandement des concentrations de l'artillerie ennemie, qui avait conservé toute sa liberté d'action.

Cependant, le groupement Bossut atteignit la troisième position allemande, y ouvrant une brèche; mais la brèche était beaucoup trop étroite et l'infanterie, restée en arrière, sans liaison avec lui, ne put le suivre.

On en conclut que les chars de combat étaient bien un puissant moyen offensif, mais qu'ils ne pouvaient rien sans combattre en liaison très intime avec l'infanterie et sans rester sous la protection de leur artillerie.

Les Anglais, qui ont construit des tanks en même temps que nous, en sont restés à l'idée de la rupture du front à l'aide de leurs appareils. Ils obtiennent, à la bataille de Cambrai, en novembre 1917, de meilleurs résultats que nous n'en avions obtenus en avril; mais les conclusions qu'ils tirent de cette expérience sont semblables aux nôtres : leur infanterie n'a pu suivre les tanks et assurer la conservation du terrain conquis.

Les chars d'assaut vont donc devenir des engins d'accompagnement d'infanterie. C'est vers cette époque que le général Estienne conçoit un char d'accompagnement mieux approprié à ce rôle que les premiers engins, et il obtient la collaboration de M. Renault, pour la réalisation de cet appareil.

A l'avenir, les chars vont combattre en liaison intime avec l'infanterie (liaison étudiée et réalisée à l'avance dans tous ses détails). Ils la précéderont, détruisant un à un tous les moyens de défense rapprochés de l'ennemi, et elle occupera pied à pied le terrain ainsi nettoyé par les chars. Cette coopération de l'infanterie et des chars d'accompagnement sera protégée par l'artillerie, qui aveuglera les observatoires ennemis et contrebattra soigneusement les canons de l'adversaire.

Par la suite, toutes les fois où ces principes furent scrupuleusement appliqués, les résultats furent satisfaisants; exemples : la bataille de la Malmaison, le 23 octobre 1917; les opérations du bois Sénécat, le 18 avril 1918; de Cantigny, le 28 mai 1918, et du ravin de Cœuvre, le 15 juin 1918. Les résultats furent, au contraire, très médiocres toutes les fois où ces principes furent méconnus; exemples : opérations de Sauvilliers-Mongival (5 avril 1918); du parc de Grivesne (7 avril 1918) et sur les lisières est de la forêt de Retz (du 2 au 10 juin 1918).

Mais, dans la plupart de ces combats, les chars ont été engagés sur des fronts étroits, dans des opérations de détail; ils ont, en conséquence, gravement souffert des concentrations de feu de l'artillerie ennemie.

Le commandement en conclut qu'il faut employer les chars en masse pour disperser les effets du feu de l'artillerie adverse sur un large front et pour en diminuer ainsi la puissance par rapport à chaque partie de ce front.

C'est ainsi que les chars devaient être employés en masse, le 11 juin 1918, à la contre-attaque de Méry-Belloy.

Dans cette opération, quatre divisions, appuyées chacune d'un groupement de chars, devaient contre-attaquer le flanc droit de l'ennemi, qui avait progressé le 9 juin 1918 en direction de Compiègne, et le rejeter au delà de la vallée de la Matz.

Cette contre-attaque d'ensemble est déclanchée, à 11 heures, sur tout le front à la fois et sur une largeur de 11 kilomètres.

Dans son ensemble, l'opération réussit, mais les unités engagées sur une seule ligne, sans profondeur, sont usées bien avant d'avoir atteint leur objectif. La progression est enrayée à mi-chemin à peine de la vallée de la Matz.

Les chars ont moins souffert du feu de l'artillerie ennemie aux deux divisions du centre qu'aux ailes, et l'avance y fut sensiblement plus considérable : 5 kilomètres au centre, contre 1 à 2 kilomètres aux ailes.

On peut conclure de cette opération que l'emploi en masse est favorable à l'action des chars, mais que si, en fin d'attaque, des unités de chars fraîches, initialement échelonnées en profondeur, avaient pu dépasser les groupements usés, la progression se serait sans doute poursuivie jusqu'à la vallée de la Matz. D'autre part, seuls les chars des deux divisions du centre ont réellement bénéficié de la dispersion du feu de l'artillerie ennemie : pour que tout le front d'attaque ait pu en bénéficier également, il eût fallu donner des chars non seulement aux troupes qui devaient contre-attaquer, mais aussi aux éléments d'infanterie qui devaient étayer l'attaque de part et d'autre.

Il fut tenu compte de ces leçons le 18 juillet 1918 à la contre-offensive de la Xe armée, dans la région est de la forêt de Retz.

Le 20e corps d'armée, qui avait ce jour-là la mission la plus importante sur le front de l'armée, reçut l'appui de la presque totalité des chars dont elle disposait.

Chacune des trois divisions qui le constituaient reçut un ou deux groupements de chars. Comme les divisions, les unités de chars furent réparties en profondeur, pour assurer pendant toute la bataille la continuité de l'appui qu'elles devaient fournir à l'infanterie. Enfin, un régiment de chars légers fut même initialement placé en réserve d'armée, derrière le 20e corps d'armée.

Aux ailes du 20e corps d'armée, l'action de la masse des chars fut étayée, au nord, par un groupement de chars affecté à la division de droite du 1er corps d'armée; au sud, par un groupement de chars chargé d'appuyer le 30e corps d'armée sur le plateau de Villers-Hélon.

Ce mode d'emploi des chars en masse, en profondeur et en étayant les ailes de l'attaque eut un plein succès.

Les divisions du 20e corps d'armée atteignirent toutes leurs objectifs éloignés de 8 à 10 kilomètres de leurs bases de départ. Mais, pour les atteindre, elles durent engager successivement toutes les unités de chars qu'elles avaient échelonnées en profondeur, et même une partie de la réserve en chars de l'armée dut appuyer, en fin de journée, la division de droite qui avait usé toutes ses unités de chars.

Cette méthode d'emploi des chars fut réglementée par diverses notes et circulaires du G. Q. G. et, toutes les fois où elle fut possible, son application procura par la suite de beaux succès.

Mais l'expérience avait démontré que les chars d'accompagnement en service ne pouvaient suffire à tout ce qu'on aurait désiré en obtenir. Ils étaient inaptes à évoluer et à combattre dans les organisations défensives de l'ennemi, devenues formidables en 1918; ils n'avaient d'autre part ni une vitesse suffisante, ni un rayon d'action assez considérable pour exploiter le succès et entamer la poursuite, immédiatement après avoir coopéré avec l'infanterie au gain de la bataille.

Dès le printemps 1918, nous avions mis à l'étude un char lourd, dit « char de rupture », qui devait ouvrir le chemin aux chars d'accompagnement dans les plus puissantes organisations ennemies. Les régiments de chars étaient dotés de camions porte-chars, qui devaient permettre d'économiser le matériel destiné à exploiter le succès, en l'amenant à pied d'œuvre. Les Anglais avaient fabriqué un char rapide apte à entamer la poursuite.

C'est avec ces trois types de chars (rupture, accompagnement d'infanterie, poursuite), que nous devions combattre en 1919, si l'armistice n'avait été signé le 11 novembre 1918.

Organisation des chars de combat.

Aujourd'hui, les unités de chars de combat possèdent soit des chars légers Renault, soit des Mark V*.

Les 10 régiments de chars légers sont répartis en trois brigades, la 1re à Lyon, la 2e à Versailles, la 3e à Metz. A chaque brigade est rattaché un bataillon de trois compagnies de chars Mark V*.

Chaque brigade possède un parc de brigade pour les réparations.

Un régiment comprend : son état-major, 3 bataillons 1 S. R. D. qui est l'organe de ravitaillement, de dépannage et de transport.

Un bataillon possède : 1 état-major et 3 compagnies. Chaque compagnie est constituée par 1 char de commandement, 3 sections de combat à 5 chars chacune, 1 char T. S. F. et 1 échelon.

Cet échelon au combat se divise en : 1 détachement de remplacement, ravitaillement et dépannage sur chenilles, soit 8 chars, 1 atelier et 1 fraction sur roues.

La compagnie possède donc 25 chars.

Principes d'emploi des chars de combat.

Le char de 6 t. 5 est un char d'accompagnement. Il combat avec l'infanterie et pour l'infanterie. La tactique des chars doit se plier à des possibilités matérielles et à des principes d'emploi impérieux, si l'on désire faire œuvre utile.

Pour mettre en œuvre les chars, il faut les amener en temps utile sur le champ de bataille afin que les reconnaissances soient faites, les équipages reposés, les appareils au point, les liaisons assurées. Tout ceci dépend du temps dont on dispose.

Le transport se fera soit par chemin de fer, soit sur camions; en fin de transport, les chars marcheront sur chenilles à l'approche de la position de départ. Dans les marches sur chenilles, le déplacement ne peut guère excéder cinq heures à la vitesse de 4 kilomètres à l'heure.

Il faut, avant les opérations, constituer les approvisionnements nécessaires et les livrer par la suite aux petites unités. Notons en passant qu'un jour d'essence pour une compagnie est égal à 3.000 litres.

Il y a aussi des possibilités matérielles de terrain. Celui-ci peut être favorable ou défavorable à l'action des chars. Le marécage, la rivière, le bois profond et les hautes futaies, si les arbres sont serrés, sont des obstacles contre lesquels le char est impuissant.

D'autre part, les chars sont un puissant moyen d'action offensif, mais leur nombre est limité. On ne peut donc les employer que dans des situations qui valent la mise en œuvre de cette puissance et seulement avec des troupes aptes à les employer, pour conquérir des positions importantes sur lesquelles on a l'intention de se maintenir.

Les grands principes d'emploi ont été énoncés par le général Estienne dès l'apparition des chars. Aujourd'hui, nous pouvons les résumer ainsi :

Les chars doivent être employés :

En masse, ce qui signifie qu'ils seront répartis sur tout le front d'attaque en quantité nécessaire et suffisante pour atteindre le but dans un temps donné. On évitera ainsi les concentrations de feux de l'ennemi et on évitera aussi de révéler les intentions du commandement, c'est-à-dire de montrer sur quel point il compte faire porter son effort principal.

En profondeur, c'est-à-dire qu'il faut assurer la

continuité de l'appui de l'infanterie par les chars et parer aux éventualités du combat en proportionnant la quantité des moyens d'attaque à la quantité des moyens de la défense. Par exemple, on fournira le maximum de chars à l'aile marchante qui devra tourner un objectif. Enfin, une réserve est nécessaire pour la fin du combat et le lendemain.

Les chars doivent donc être employés sur un large front pour une opération qui vaille leur emploi. Employés sur ce large front, par surprise et à la même heure, les chars dissocient les moyens de la défense.

Les unités de chars restant disponibles, après la répartition ainsi faite dans le sens du front, sont échelonnées en profondeur, ou placées aux ailes de l'attaque pour l'étayer.

Les petites unités de chars sont de puissants moyens d'action supplémentaires donnés à l'infanterie pour l'appuyer dans l'offensive pour une mission déterminée. Mais l'infanterie ne doit pas oublier qu'elle a des devoirs envers les chars, si elle désire voir l'action commune couronnée de succès, et les équipages garder leur valeur combative.

Si les chars ouvrent le chemin en frayant naturellement un passage dans les défenses ennemies, l'infanterie seule peut occuper le terrain. Si les chars détruisent ou neutralisent les moyens de défense de l'ennemi, l'infanterie doit appuyer le mouvement des chars par son jeu et neutraliser, à son tour, en particulier les moyens ennemis de défense contre chars. Si les chars appuient par leur mouvement et leurs feux la manœuvre de l'infanterie, cette dernière favorise le mouvement des unités de chars par sa manœuvre, en détournant l'attention de l'ennemi.

En un mot, l'infanterie ne doit pas laisser les chars

agir en cavalier seul, mais, au contraire, agir en étroite collaboration avec eux.

Généralement, une compagnie de chars appuie un régiment d'infanterie. Le colonel commandant ce régiment répartit les trois sections de chars de la compagnie entre ses bataillons, leur en donnant d'autant plus qu'il désire augmenter leur valeur offensive.

Pour l'action, le chef de bataillon ou le commandant du régiment d'infanterie a la propriété de la petite unité des chars, mais il en a aussi la responsabilité. Ce chef n'oubliera pas que le chef de l'unité des chars lui est adjoint, qu'il possède des connaissances spéciales sur l'emploi et les possibilités des chars. Il devra, par conséquent, donner à ce collaborateur des ordres suffisamment souples pour ne pas paralyser son initiative. Aussi, la liaison entre eux doit-elle être très intime.

La section de chars de combat.

La véritable unité de combat de l'A. S. est la section. Son action ne peut s'exercer que par la coordination des moyens des chars qui la composent. Aussi, n'est-elle jamais fractionnée. Son front normal d'attaque est de 200 mètres environ, ce qui correspond à un intervalle de 50 mètres entre les chars, grandeur suffisante pour ne pas offrir à l'artillerie un but trop vulnérable, tout en conservant une aide mutuelle suffisante et un commandement poss

Déployée en bataille, elle combat en avant de l'infanterie. Le mécanisme d'appui de la section varie avec la situation de l'ennemi.

Premier cas. — L'ennemi occupe une position indéterminée. C'est le cas de la poursuite. Les sections de chars sont laissées à la disposition des bataillons tant que le contact avec des éléments de l'ennemi n'est pas perdu. Elles suivent le mouvement derrière l'infanterie et entrent en action partout où des résistances locales se dévoilent

Mais si le contact est complètement perdu, les sections sont rassemblées dans la main du commandant de compagnie afin d'être remises en état et prêtes à intervenir à nouveau sur la nouvelle position de l'ennemi.

Deuxième cas. — L'ennemi occupe une position reconnue et bien déterminée.

L'infanterie se place ou est déjà parvenue à distance d'assaut. Les sections de chars choisissent leur position de départ en conséquence, en faisant intervenir tous les facteurs possibles du succès : marche d'approche à l'abri des vues et masquée par un bruit étranger, travaux nécessaires exécutés rapidement, liaisons étroites assurées, renseignements sur l'ennemi aussi complets que possible, concours de l'artillerie et de l'aviation bien établi, enfin, départ dans des conditions qui réservent l'effet de surprise.

L'assaut est donné, les chars quittant leur position de départ de façon à passer en avant de l'infanterie à l'heure fixée pour l'attaque. Si l'ennemi retranché occupe des tranchées infranchissables, l'infanterie devra travailler pour faciliter aux chars le franchissement de ces obstacles.

Mais, si grande confiance qu'ait l'infanterie en ses chars, elle doit combattre comme si ce puissant moyen d'appui devait subitement lui manquer à un moment quelconque. Et, de fait, il peut en être ainsi au cours du combat : chars arrêtés par un obstacle infranchissable, détruits par les moyens de défense contre chars de l'ennemi, ou immobilisés par des pannes.

Assez souvent, il arrivera que le colonel commandant un régiment d'infanterie ne pourra appuyer l'un de ses bataillons de plus d'une section de chars. Le front d'action du bataillon étant de 500 à 600 mètres et celui de la section de chars n'étant que de 200 mètres environ, cette dernière ne peut combattre sur tout le front du bataillon à la fois.

Dans ce cas, le chef de bataillon, en bon fantassin, désignera successivement à ses chars les différentes parties du front tenues par l'ennemi, en commençant par le point à la possession duquel il attache une importance primordiale pour le succès de son attaque. Il cherche ainsi à lui faire détruire, ou tout au moins désorganiser, les flanquements qui constituent le principal moyen de défense de la position ennemie.

La section de chars manœuvre pour réduire un objectif, soit en le débordant, soit en l'enveloppant. Il faut retenir surtout que le but à atteindre n'est pas seulement de réduire la résistance visée, mais d'empêcher ses occupants de battre en retraite pour fournir une nouvelle résistance.

LA COMPAGNIE DE CHARS AU COMBAT.

La compagnie de chars ne combat pas, seules ses sections combattent. Elle est propre à des combinaisons multiples qui permettent au colonel d'infanterie de donner à un, deux ou à ses bataillons, les suppléments de moyens nécessaires pour réaliser son idée de manœuvre. Comme le régiment d'infanterie qu'elle appuie, la compagnie de chars est habituellement échelonnée en profondeur. La répartition des sections est fonction de la puissance des moyens mis en œuvre par l'infanterie ennemie; de l'idée de manœuvre du colonel commandant le régiment d'infanterie, ainsi que de la nature du terrain favorable ou non à l'action des chars.

Avant tout, le colonel doit doter son premier échelon d'attaque du nombre de sections nécessaire et suffisant pour l'appuyer efficacement à la conquête de l'objectif qu'il lui assigne et pour lui permettre de l'atteindre dans le temps qu'il estime nécessaire au succès. Dans cet ordre d'idées, il est évident que dix mitrailleuses ennemies seront plus rapidement réduites par dix chars que par cinq. Toutefois, le nombre des chars mis en ligne ne doit pas les obliger à se serrer à moins de 50 mètres d'intervalle entre eux, ce qui les rendrait trop vulnérables.

Après cette dotation en chars du premier échelon, le colonel commandant le régiment d'infanterie échelonne la ou les sections qui lui restent dans la zone où il désire réaliser le mieux la continuité de l'appui de ce premier échelon par les chars.

Mais une section de chars peut avoir une capacité offensive supérieure à celle d'un bataillon; et, en conséquence, être amenée à combattre avec plusieurs unités d'infanterie. De même, une section de chars rapidement usée, peut être retirée du combat avant le bataillon d'infanterie qu'elle appuie, et remplacée par une section placée en réserve.

C'est pourquoi il faut assurer, avant l'attaque, la liaison intime de toutes les sections de la compagnie de chars avec tous les bataillons du régiment d'infanterie, échelonnés dans la même zone d'action, et qui peuvent être appelés à coopérer à un moment du combat qu'on ne saurait le plus souvent prévoir à l'avance.

La compagnie de chars joue de son échelon pour assurer le dépannage, le remplacement des chars et la reconstitution des sections usées au cours du combat, et pour le ravitaillement des sections en ligne. Dans ce but, il y a grand intérêt à remettre en réserve, avant usure complète, une section de chars engagée en premier échelon, après l'avoir fait dépasser par une section initialement placée en deuxième échelon. En recomplétant sans retard et en ravitaillant la première, on peut lui rendre toute sa valeur combative, et elle sera prête, dans un délai très court, à recevoir une nouvelle mission.

RÔLE DU COMMANDANT DE COMPAGNIE DE CHARS.

Le commandant de compagnie de chars, utilisant son char de commandement pour circuler sur le champ de bataille, assure l'appui constant et efficace des bataillons d'infanterie, engagés en premier échelon, par ses sections de chars, suivant les instructions qu'il reçoit du colonel d'infanterie.

Avant le combat, il exécute avec ses chefs de section les reconnaissances de détail relatives à l'engagement immédiat de ses sections.

Il porte son attention sur le choix des positions de départ, les travaux, les cheminements de la marche d'approche. Il veille à ce que les sections aient connaissance de l'ordre d'attaque des bataillons d'infanterie. Il donne ses ordres particuliers pour compléter l'ordre d'attaque du R. I. Il assure le fonctionnement de son échelon et veille au ravitaillement des chars.

Pendant le combat, il assure personnellement l'entrée en ligne de ses sections, il cherche à discerner les besoins d'appui en chars de bataillons engagés en premier échelon et s'efforce d'y satisfaire, sans sortir du cadre des intentions du colonel commandant le régiment d'infanterie, dont il est en somme le simple agent de liaison en ce qui concerne la coopération des chars et de l'infanterie. Usant de ses éléments de dépannage et de remplacement, il reconstitue ses sections, dès qu'il trouve l'occasion de les reprendre en réserve.

Après le combat, il assure le ravitaillement de ses unités et la continuité des opérations de dépannage. Il rend compte, le plus tôt possible, au colonel du R. I. et à son chef de bataillon de chars, de ses disponibilités en vue des prochaines opérations.

PARIS ET LIMOGES. — IMPR. ET LIBRAIRIE MILITAIRES CHARLES-LAVAUZELLE ET Cie.

www.ingramcontent.com/pod-product-compliance
Ingram Content Group UK Ltd.
Pitfield, Milton Keynes, MK11 3LW, UK
UKHW020223180726
13838UKWH00005B/2148